AF263122

DU

SORT DES MINORITÉS

DANS LES GOUVERNEMENS REPRÉSENTATIFS ET DANS
LES ASSEMBLÉES DÉLIBÉRANTES,

OU

OBSERVATIONS

EN FAVEUR DES PROPRIÉTAIRES DE VIGNOBLES ET DES COLONS
FRANÇAIS.

PARIS,

CHEZ DELAUNAY, LIBRAIRE,
GALERIE DE PIERRE, N° 82, AU PALAIS-ROYAL;

WILBERT, LIBRAIRE,
COUR DU PALAIS-ROYAL, N°ˢ 40 ET 41.

———

1830.

Imprimerie de David,
Boulevart Poissonnière, n. 6.

DU

SORT DES MINORITÉS

DANS LES GOUVERNEMENS REPRÉSENTATIFS ET DANS

LES ASSEMBLÉES DÉLIBÉRANTES,

OU

OBSERVATIONS

EN FAVEUR DES PROPRIÉTAIRES DE VIGNOBLES ET DES COLONS

FRANÇAIS.

----♦----

Quand on envisage attentivement la nature des impôts indirects établis sur les boissons, on reconnaît bientôt que les intérêts du midi de la France, où la vigne est cultivée presque partout, et ceux du nord, où il n'y a que peu de vignobles, sont en divergence sous ce rapport essentiel. Or, il a été observé depuis long-temps que, dans les assemblées délibérantes, les intérêts représentés en minorité sont presque toujours impitoyablement sacrifiés, à moins que la royauté, en leur accordant son appui, ne s'empresse de venir à leur secours. Voilà, pour le dire en passant, un des nombreux motifs qui militent pour que la royauté soit forte, indépendante, libre dans son action, et toujours en mesure de protéger le faible contre l'oppression du fort. Le même motif explique pourquoi le midi, constamment en infériorité à l'égard du nord, en vertu d'une loi qui émane de la nature (1), a toujours été le sanctuaire des sentimens royalistes, le nord le foyer de l'opposition et de la liberté; pourquoi le midi compte la royauté au nombre de ses libertés, tandis que le nord la considère comme une servitude, comme une entrave, qu'on ne saurait trop chercher à affaiblir. Ainsi, la royauté qui sert de rempart au midi est un obstacle pour le nord. Il est donc permis de craindre, si l'impartialité la plus rigoureuse ne préside aux délibérations qui vont avoir lieu, que les impôts indirects, onéreux pour le midi et favorables conséquemment au nord de la France, n'éprouvent que d'insignifiantes réductions. Que peut-on dire cependant de plus concluant contre ces impôts que ces paroles prononcées par M. le duc Decazes, dans la séance de la Chambre des Pairs du 1er septembre ? Elles résument brièvement ce qu'on a dit de plus décisif sur cette matière :

« La Charte veut l'égale répartition de l'impôt. » Cette inégalité repose sur des faits incontesta- » bles. Si je ne me trompe, les vignes repré-

---

(1) Voyez Montesquieu : *Théorie des Climats*, *Esprit des Lois*.

» sentent la vingt-troisième partie de la surface
» imposable de notre territoire. A ce titre, elles
» ne devraient payer que la vingt-troisième partie
» de l'impôt foncier, c'est-à-dire, 8 à 9 millions.
» Au lieu de cela, elles payent 39 millions d'im-
» pôt direct, sans parler des droits de circulation
» et autres, que l'on prétend ne porter que sur
» les consommateurs; c'est donc une grande in-
» justice. De plus, les pays de vignobles payent
» en impositions indirectes 164 millions, c'est-
» à-dire, dix-huit fois plus que ne paieraient des
» terres d'une autre nature.

» Vous savez comment, en 1814, on fut amené
» à proclamer l'abolition de cet impôt. L'impôt
» a ensuite été rétabli; on a fait plus, on a porté
» la perception de 60 à 100 millions (1). »

Cette tendance évidente, mais long-temps dissi-

---

(1) Le projet de loi sur les boissons, présenté à la Chambre des Députés par M. le baron Louis, dans la séance du
6 octobre, ne procurera qu'un faible soulagement aux propriétaires de vignobles. La réduction de cinquante millions
qu'il promet ne serait réelle qu'autant que le vin serait
exempté du nouveau droit de roulage et de navigation
qu'on propose d'établir, et contre lequel murmure déjà le
nord de la France, quoique l'idée de taxer les transports
paraisse assez heureuse pour ne pas être abandonnée sans
examen. Le *Journal des Débats* du 12 octobre, et le *Journal
du Commerce*, se sont fortement élevés contre ce nouvel
impôt.

mulée, du nord à grever le midi et à le rendre
son tributaire, n'a pas cessé de se faire sentir à
travers un masque trompeur d'égalité et d'uni-
formité législative, depuis le commencement de
la révolution jusqu'à nos jours. La branche aînée
des Bourbons et M. de Villèle, loin de la com-
battre, se sont laissés entraîner à l'accroître. C'est
ainsi que, sans s'en apercevoir, ils ont aliéné les
partisans sur lesquels ils auraient pu compter le
plus.

Les observations qui précèdent, relatives à l'oppression des intérêts de la minorité dans les as-
blées délibérantes, quand la royauté n'est pas
forte, reçoivent une confirmation éclatante du
soulèvement qui vient d'avoir lieu en Belgique.
Le roi des Pays-Bas, soit faiblesse, (1) soit inex-
périence, avait, sous le régime d'une constitution
représentative fort libre, laissé opprimer les intérêts du midi ou de la Belgique par ceux du
nord ou de la Hollande. La Belgique compte
quatre millions d'habitans, la Hollande deux mil-

---

(1) Il est aussi dangereux pour un prince de céder à
l'impulsion de la majorité que de lui résister sans discerne-
ment. On trompe les princes quand on leur dit qu'ils doivent se borner à obéir à la majorité. Ils doivent encore
protéger la minorité, et empêcher qu'elle ne soit opprimée.
Telle est la différence de la république à la monarchie. Dans
la république, l'empire de la majorité est absolu. Dans la
monarchie, il n'est que relatif.

lions. La Belgique, sans motif immédiatement déterminant, mais enhardie par les événemens de Paris, fait scission ouverte avec la Hollande. Aujourd'hui, elle réclame un gouvernement à la faveur duquel ses intérêts soient suffisamment défendus. Si les vœux de cette contrée sont accomplis, un pacte fédératif sera désormais le lien fragile qui joindra les deux parties du royaume des Pays-Bas, dont la puissance, créée pour opposer une barrière à la France, se trouverait considérablement réduite. En effet, *l'unité*, *l'indivisibilité*, sont le principe de la force. Les républicains français l'avaient bien senti en en faisant leur devise. Mais cette unité, cette indivisibilité, dans un grand état, à raison des intérêts divers qui se croisent, et dont il ne faut ni sacrifier aucun, ni accorder à aucun la prépondérance, ne peut exister ni se maintenir qu'à la faveur du principe monarchique, essentiellement tempérant, modérateur, conciliant et ami des moyens termes (2). Ces réflexions indiqueraient

---

(1) Cette différence se reproduit jusques dans la manière dont on forme les jugemens. Dans la république, on juge rigoureusement, suivant la lettre de la loi ; dans la monarchie, on juge suivant l'esprit de la loi et par composition, en ayant égard aux circonstances, soit atténuantes, soit aggravantes. Dans la république, on n'envisage que le principe et l'on n'ose s'en écarter ; dans la monarchie, on tient

au besoin pourquoi les républiques sont nécessairement des Etats d'une petite étendue, parce qu'elles n'admettent qu'un très-petit nombre d'intérêts, dont chacun, dans son espèce, jouit d'une prépondérance à peu près exclusive, à laquelle tous les autres intérêts analogues ou rivaux sont sacrifiés ; tout s'y faisant à la majorité, la minorité y est nécessairement écrasée ; pour quoi les grands Etats, transformés en républiques ou gouvernés par des assemblées délibérantes, tendent à se morceler ou à passer au système fédératif ; pour quoi dans la république romaine, dont l'étendue semblerait donner un démenti à nos paroles, la république ou la liberté n'existait qu'à Rome et la servitude partout ailleurs ; pour quoi la France fut si souvent morcelée sous les rois de la première et de la seconde race, dont la faiblesse en général était extrême ; pour quoi la république française fut au moment de périr par le *fédéralisme* ; pour quoi l'organisation communale qu'on prépare, si la royauté n'est pas forte, peut conduire à des déchiremens fâcheux. Quand tout le monde a les armes à la main, la moindre con-

---

compte de toutes les circonstances. L'inflexibilité est de l'essence de la république, les tempéramens s'allient parfaitement avec l'esprit de la monarchie. Dans la première, personne n'est au-dessus de la loi ; dans la seconde, le juge élu par le prince se permet de l'interpréter.

tention menace de dégénérer en guerre civile. Les anciens romains, plus sages que nous, ne permettaient à aucun citoyen armé d'entrer dans l'enceinte de la ville, quoique chez eux tout citoyen fût soldat. Enfin, pour revenir à l'objet spécial qui nous occupe, comment peut-on se flatter que des populations que le Gouvernement oblige en masse, sans distinction d'âge, à prendre les armes pour résister à l'oppression, se soumettront paisiblement à subir des impôts contre lesquels elles se sont mainte fois soulevées et qu'on a sans cesse promis d'abolir? N'y a-t-il pas dans cette conduite, ou dans cette illusion, quelque chose qui blesse la prudence?

Si les propriétaires de vignobles, constamment représentés depuis vingt-cinq ans dans nos diverses assemblées par cent députés au moins, ont vu sacrifier leurs intérêts, que ne doivent pas redouter les colons, vivant à quelques milliers de lieues de la métropole, et qui, loin d'être représentés comme les propriétaires de vignobles dans la proportion du quart de la députation, ne le sont pas même dans la proportion d'un centième? En effet, ils n'ont eu jusqu'ici d'autres défenseurs dans les Chambres que ceux que leur a procurés le hasard et la bienveillance particulière qui s'attache à l'importance de leurs travaux; sentiment qui fait place maintenant à des dispositions contraires. Leur condition, assez précaire, a donc été aggravée par la nouvelle Charte, qui soumet leur sort aux Chambres, et elle vient de l'être encore par l'ordonnance royale qui leur ravit la faible protection qu'ils avaient trouvée jusqu'ici dans la réunion des commissaires délégués par chaque colonie auprès du ministère de la marine (1).

Ces quatre commissaires, élus par les colons, et qui, décorés du nom de députés, avaient à peine voix consultative, ont fait ombrage; on les a supprimés comme inutiles. Les colons, privés de cet appui fragile au moment où s'arment contre eux les préventions les plus injustes, et où peuvent se décider les questions qui les intéressent le plus, appréhendent, non sans motif, d'être traités en ilotes, si le chef de l'Etat ne vient à leur secours. C'est l'unique ressource qui leur reste, celle qu'ils ne se lasseront pas d'invoquer; autrement, plus de liberté pour eux. Ils n'auront plus d'organe auprès du pouvoir; ils manqueront de toutes les garanties, et même de la sécurité personnelle, à l'époque où la France va jouir des institutions les plus libérales.

Si l'on n'y prend garde, si la sagesse royale n'in-

---

(1) Une ordonnance, insérée au *Moniteur* du 22 octobre, prescrit que les Députés suppléans des Colonies françaises cesseront *immédiatement* leurs fonctions, et mentionne *qu'à l'avenir* les Députés titulaires et suppléans seront nommés directement par les conseils-généraux des Colonies.

tervient, les majorités n'auront jamais été plus prépondérantes, ni les minorités plus opprimées. Ainsi, la souveraineté du peuple, qui forme le principe de notre nouveau droit politique, aura son corrélatif dans la sujétion de classes entières de citoyens, et l'axiôme qu'il n'y a pas de souverains sans sujets recevra son application aux dépens des faibles. Les minorités étaient plus libres dans l'ancienne monarchie qu'elles ne le seront sous le régime nouveau qui s'organise. Désormais, c'est uniquement dans le *veto* royal, exercé sans faiblesse, impartialement, et souvent avec énergie, qu'elles pourront trouver l'appui qui leur manque depuis la suppression des administrations provinciales, dont les traces subsistaient même aux colonies. Sous l'ancienne monarchie on entendait mieux la liberté, sinon celle de l'individu, du moins celle des masses, celle qui se rattache aux intérêts matériels, celle qui consiste à être gouverné par des lois qu'on a consenties. Les provinces avaient en principe la faculté indéfinie de maintenir le *statu quo*, l'état subsistant, ce qu'on appelait aussi les usages, les coutumes, les libertés, les priviléges. Tout changement, tout nouvel impôt pouvait être indéfiniment ajourné chaque fois que le peuple, représenté, non en une masse unique, mais en masses distinctes d'intérêt, de population, de localité, n'y adhérait pas. Cette combinaison avait son mérite ; elle empêchait les grandes erreurs d'administration. A la faveur de son influence, on n'aurait eu à déplorer ni la perte de nos relations commerciales, ni la ruine des vignobles, ni la destruction de Saint-Domingue, ni l'anéantissement de notre marine, ni les malheurs occasionnés par le système continental, ni tant d'autres calamités qui se succèdent et ne cessent d'affaiblir la prospérité de la France. Cette combinaison, qui forçait à prêter l'oreille aux intérêts en souffrance, attachait au sol la société, éloignait les révolutions, qui ne sont faciles que quand tous les liens locaux sont brisés, et qu'un point central, qui est presque toujours la capitale, devient le point unique sur lequel roulent sans résistance toutes les destinées du pays. Le peuple, élément mobile, n'avait d'action légale que pour conserver. C'est dans cette paisible fonction que reposaient ses droits et ses libertés. Dautre part, la royauté, l'élément fixe, avait l'initiative des lois et la proposition des impôts. Aucune innovation, si légère qu'elle fût, ne pouvait recevoir d'exécution qu'avec l'agrément de chaque province, représentée par sa partie la plus stable, la plus intéressée à la richesse du pays, par la magistrature et par les grands propriétaires : tout tendait donc au repos ; et la société, enchaînée sur ses bases, inféodée à son bien-être, ne pouvait recevoir de mouvement que de la main du roi (1). Le peuple était souverain pour repousser toute innovation, le prince pour maintenir tout ce qui existait. Ainsi, les ordonnances royales n'étaient obligatoires, dans chaque province, que quand elles avaient été enregistrées par les parlemens. De cette façon, il était impossible que les intérêts de localités, consultés dans les localités même, fussent méconnus et lésés (2).

La révolution, entraînée à tout niveler pour renverser les obstacles qui arrêtaient son cours, a détruit les libertés provinciales, déjà fortement ébranlées par les rois ; elle a remplacé ces libertés, aussi nombreuses qu'il y avait de provinces, par une liberté vague, indéfinie, immense, qui devait être la même pour tous les Français, auxquels elle promettait un bonheur parfait. Cette liberté abstraite, dépourvue de caractère spécial, et se rapportant à l'individu, à l'homme, en un mot, considéré plutôt comme partie du genre humain que comme membre de la société, s'est

---

(1) Cette heureuse harmonie a été détruite par l'ambition des princes, par leur amour pour la guerre, par l'envie qu'ils avaient d'étendre le cercle de leur pouvoir et le mécontentement qu'ils éprouvaient de voir leur autorité contrariée par les résistances des grands propriétaires et des divers corps de l'État. Toutes ces causes venaient se réunir en un seul effet, l'exagération des impôts.

(2) Les rois juraient à leur avènement de respecter les usages, les coutumes et les priviléges des provinces.